Bénamar Brahmi

BRAHMI Bénamar - artiste pluridisciplinaire

Bénamar Brahmi

BRAHMI Bénamar - artiste pluridisciplinaire

Éditions Muse

Imprint
Any brand names and product names mentioned in this book are subject to trademark, brand or patent protection and are trademarks or registered trademarks of their respective holders. The use of brand names, product names, common names, trade names, product descriptions etc. even without a particular marking in this work is in no way to be construed to mean that such names may be regarded as unrestricted in respect of trademark and brand protection legislation and could thus be used by anyone.

Cover image: www.ingimage.com

Publisher:
Éditions Muse
is a trademark of
Dodo Books Indian Ocean Ltd. and OmniScriptum S.R.L publishing group

120 High Road, East Finchley, London, N2 9ED, United Kingdom
Str. Armeneasca 28/1, office 1, Chisinau MD-2012, Republic of Moldova, Europe
Printed at: see last page
ISBN: 978-620-4-96490-4

BRAHMI Bénamar

Artiste pluridisciplinaire

Sortie de l'album Teddi wash ykteb moulana de Brahmi Benamar

Musique

Kader BakouPublié dans Le Soir d'Algérie le 30 - 05 - 2018

Cadrant avec l'esprit du mois de Ramadhan, le nouvel album de Brahmi Benamar est intitulé Teddi wash ykteb Moulana (tu ne prendras que ce qu'a écrit notre Seigneur).

L'album comporte huit titres dont Laktab, Radja, Lahnine, Edimiati et Zoudj Sajdat li moulana Errahmane. «J'ai écrit les paroles de toutes les chansons et travaillé la musique avec Mounir Rekkab.

Les chansons de cet album sont porteuses de conseils et de moralité. Chaque chanson raconte une histoire que le public peut découvrir et comprendre. C'est une

sorte de fables que je propose au public», explique-t-il.

«Nous nous sommes inspirés de genres différents afin de proposer une musique avec notre touche personnelle.

Il y a la musique hawzi, le chaâbi marocain connu techniquement par le six sur huit, Gnaoui un genre pentatonique , et du moderne .

Notre but, à travers ce choix musical, est que chaque Algérien s'identifie dans cet album. Je pense que la variété est une richesse artistique dont on est fier et on doit s'en servir pour attirer toutes les tranches d'âge, même si ce sont les jeunes qui m'intéressent en particulier», dira-t-il au sujet de la musique notamment.

Né à Ghazaouet (Tlemcen) le 2 février 1983, Brahmi Benamar, surnommé aussi BB Finger, est un artiste poète, scénariste, comédien et chanteur. Il vit aujourd'hui à Nedroma, une ville de la même wilaya du Nord-Ouest algérien. Son don pour l'écriture s'est révélé à l'âge de 10 ans.

1994, il commença la recherche sur la poésie et les musiques arabe classique et occidentales, en suivant les orientations et conseils de ses parents, oncles et amis mélomanes.

En 1998, il continue sa formation chez l'auteur compositeur Rekkab Mounir, qui donna un rôle à notre jeune artiste dans l'opérette El Jazayer.

Il fera ensuite partie de la troupe de musique classique arabo-andalouse El mouahidia où il était son archiviste des textes et poésies (qssayed) et de noubas.

A l'association El Mouahidia de Nedroma, il a aussi appris à jouer du mandole avec Mohamed Bekkouche et Taleb Miloud.

Les belles qassidate qu'il écrites ont intéressé plusieurs artistes dont Abdelhafid Haddou pour lequel il a donc écrit la chanson Dirni Fi Balek

Elle raconte l'histoire d'une femme qui, en l'absence de son mari, a quitté son foyer.

Les textes de Brahmi Benamar figureront dans plusieurs albums qui ont connu le succès, notamment les paroles de la chanson Allah Allah Ya Moulana,NEGGAFAT interprétée par Ouled Hadja Maghnia.

De même que ceux de la chanson : « Mahla liyam Yafrah fiha el insane » chantée par Hasna Hini.

Le jeune artiste, en tant que poète, a fait partie de la délégation de Tlemcen durant la semaine culturelle tlemcenienne à Boumerdès en juin 2010.

L'ambassadeur vénézuélien, qui se trouvait dans la salle, s'est particulièrement intéressé à l'histoire de Nedroma, décrite par notre artiste en juin 2010.

Brahmi a aussi joué dans le film documentaire Tlemcen, repères et héritages de Saïd Mehdaoui, produit dans le cadre de la manifestation «Tlemcen, capitale de la culture islamique».

Brahmi Benamar, un artiste polyvalent qui ira certainement très loin.

Premier texte de BRAHMI Bénamar intitulé : « Dirni Fi Balek » qui veut dire : « Ne m'oublie pas »

Déclamation de poème : « El Arsa » qui veux dire : « le jardin » ,un poème sur Tlemcen à BOUMERDES

Au luth : Karim Ben Tahar

Lors d'enregitrement d'une vidéo sur mon nouvel album intitulé : « Teddi Wash Yketeb Moulana »

Mon album : « Teddi WashYketeb Moulana »

BRAHMI Bénamar Sur la plateforme : « ANGHAMI »

Mon album intitulé : « Teddi Wash Yketeb Moulana » est disponible sur la plateforme : « Spotify »

Article : « Djawher El melhoun »

Poésie populaire du melhoun : BRAHMI Bénamar sort un livre référence

APS , Avril 6, 2022 in Culture

D'une compilation de 70 poèmes du genre melhoun, le musicien Brahmi Benamar en a fait un livre de référence de cette musique ancestrale.

Un livre qui s'est d'ailleurs bien distingué lors de la 25e édition du Salon du livre d'Alger. En effet, intitulé Jawhar

El Melhoun , qu'on pourrait traduire par «l'essence du melhoun», ce recueil de poésie rassemble soixante-dix poèmes représentant des pointures du melhoun en Algérie et au Maghreb.

Ce livre, dont on dit qu'il constitue une référence en matière de musique, s'étale sur 463 pages, présentant une compilation de poèmes des maîtres de la poésie, à l'image des références dans ce genre comme : **« Sidi Lakhdar BENKHLOUF », « Hadj Ahmed SEHOUM », « Abdelmadjid OUAHBI », « Mustapha BENBRAHIM » et** d'autres qui ont enrichi la culture populaire avec des poèmes du genre.

Il faut savoir que le chercheur et musicien Brahmi Benamar a recueilli la plupart des poèmes contenus dans son livre des différents poètes qui ont contribué avec leur créativité poétique à animer les divers événements historiques de la région, tout en étant des témoins de la mémoire collective.

L'auteur, originaire de la ville de **Nedroma, (Tlemcen),** a à son actif plus de 17 livres en français dans les domaines de la musique, de l'art en général, qui ont été traduits dans de nombreuses langues, comme l'**italien, l'anglais ,l'allemand ,l'espagnol et le portugais.**

Aussi, faut-il le souligner, ce livre, paru à l'occasion de la 25e édition du Salon international du livre d'Alger, est une référence précieuse pour les chercheurs en histoire de la poésie algérienne et maghrébine.

BRAHMI Bénamar, qui n'est pas à sa première publication, ne compte pas s'arrêter en si bon chemin, dès lors qu'il ambitionne également d'enrichir sa bibliographie par d'autres publications dans le domaine musical, particulièrement dans le genre moderne.

Au

SILA, Alger, le 27 mars 2022.Vente dédicace de florilège : « Jawhar El Melhoun » un recueil de grands poètes de Melhoun apparu avec les éditions ICOSIUM AFULAY

Le film Documentaire : « Tlemcen, repères et héritages »

Avant-première du documentaire

Tlemcen - "Repères et héritage de Tlemcen", le documentaire réalisé par Said Mehdaoui, été projeté en avant-première, dans la soirée de mercredi, au Centre international de presse "Rachid Baba Ahmed" de Tlemcen.

Ce film de 52 minutes, produit dans le cadre de la manifestation "Tlemcen, capitale de la culture islamique, 2011", met en exergue une partie du patrimoine matériel et immatériel de la cité des Zianides, en adoptant une démarche purement pédagogique.

Le réalisateur a suivi le retour à sa ville natale après 13 années d'absence, d'une jeune fille d'origine tlemcenienne, habitant à Alger.

L'héroïne parcourt les différents sites historiques tels que les mausolées de Sidi Daoudi, Sidi Yacoub, Lalla Setti ainsi que certains lieux de culte comme la grande mosquée Sidi Brahim El Mesmoudi, Sidi Boumediène, qui constituent un véritable trésor patrimonial, que Tlemcen a hérité des anciennes dynasties ayant régné sur la région.

Cette virée a amené la jeune fille dans les ruelles de la vieille médina, notamment à El Kissaria, une rue commerçante où les magasins proposent des tenues traditionnelles tels que le kaftan tlemcénien, le mensouj et autres produits artisanaux qui ont toujours fait la fierté de Tlemcen.

Ce film documentaire met également en exergue l'héritage poétique et musical puisque des poèmes de Bensahla, Ben M'saib et Said El Mendassi sont déclamés par un narrateur pour souligner le génie de ces poètes qui ont enrichi le répertoire de la musique hawzi.

Le réalisateur, Said Mehdaoui, a tenté d'apporter une vision nouvelle sur cet héritage en faisant appel à de jeunes artistes de la ville pour montrer, chacun dans sa spécialité (peinture, photographie, théâtre etc...), leur attachement et leur intérêt pour ce legs patrimonial aussi riche que varié. Il a souligné, lors des débats, que la richesse et l'immensité du patrimoine matériel et immatériel de la ville de Tlemcen et de sa région ne peuvent être montrés dans un film de 52 minutes.

Depuis le début de la manifestation "Tlemcen, capitale de la culture islamique, 2011", plus d'une trentaine de films documentaires et de docu-fiction abordant divers aspects historique, culturel, musical et patrimonial ont été projetés, rappelle-t-on.

Photo prise à la salle Colysée Tlemcen

1.L'oeil de HAZOURLI Med : Au veste noire et chemise mauve :Réalisateur

2. Said MEHDAOUI : Au veste noire avec une chemise à carreau : Réalisateur de Film Doc :« Tlemcen repères et héritages »

3.HAZOURLI Djamel : Animateur de Cinérama à la radio Chaine III

4.BRAHMI Bénamar :Au veste Jean et tricot mauve et Chemise blanche

5. L'œil de CHANDERLI Djamel

Une scène de film doc : « Tlemcen repères et héritages » à l'université de Tlemcen

Préparation de la scène de la photo précédente

Traduction d'une revue intitulée : « Bébé Boom » de la langue française à la langue Arabe.

Version Originale

Pendant la formation américaine d'Actor Studio du 1er juillet au 15 juillet 2012.

Mes livres sont disponibles

AMAZON ET FNAC

Un fromage est un aliment fait à base de lait. Tous les laits peuvent servir, et selon la manière de le préparer, le fromage peut avoir des goûts très différents, même en partant du même lait. Selon la définition légale un fromage est un produit fermenté ou non, obtenu par la coagulation (caillage) du lait, de la crème, du lait écrémé ou de leur mélange. Cette coagulation est suivie d'égouttage. Le fromage doit contenir au moins 23 % de matière sèche pour 100 grammes de fromage. Le fromage contient surtout de la caséine du lait (les protéines), sous une forme de gel plus ou moins déshydraté qui retient la matière grasse (les lipides). S'y ajoutent un peu de lactose (glucide) sous forme d'acide lactique et des matières minérales en quantité variable (par exemple le calcium).Un fromage est un objet vivant, qui contient des millions de microbes. Ce sont ces microbes qui fabriquent le fromage et l'empêchent de pourrir. Il y a des bactéries et des levures, et dans certains fromages comme dans le roquefort quelques champignons. Ces microbes transforment le lait en aliment riche en goût et en vitamines, tout en gardant une forte valeur nutritive et en étant riche en calcium.

BRAHMI Bénamar est un auteur d'œuvre lyrique. Comme il est auteur pour pas mal de livres tels que:"Conscience", "Esprit","Mon bébé","Aidez les autres". Et cela c'est un roman.Ainsi des dictionnaires de spécialités :"Lexique des tissus","Lexique et genres musicaux du monde","Lexique cinématographique"."Original" est un livre qui parle de la chanson.

978-613-9-54519-3

Bénamar Brahmi

Le fromage

Un produit laitier

Vous êtes enceinte !
Félicitations !
Bienvenue au monde des mamans !
Soyez attentive.
Bébé est arrivé et vous ne savez pas du tout comment vous y prendre pour le calmer, lui changer les couches ou encore le nourrir !!!
Pas de panique !
« Mon bébé » est là spécialement pour vous.
Vous découvrirez de nombreux conseils, astuces...
Être maman - C'est supporter les nuits blanches, les pleurs de votre bébé.
Faire du sport est bénéfique pour vous, ainsi que votre bébé.
Alors chantez la joie, votre bébé va naître en paix !
Sur ce, je vous souhaite une bonne lecture !

BRAHMI Bénamar est un auteur algérien de plusieurs livres tels que "Conscience", "Esprit", "Aidez les autres" , "Lexique des tissus", "Lexique cinématographique", "Lexique et genres musicaux du monde", "Original". Son premier album est intitulé :"Teddi Wash Yketeb Moulana". Un opus qui contient huit titres dont le champ lexical est de savoir.

978-613-9-55573-4

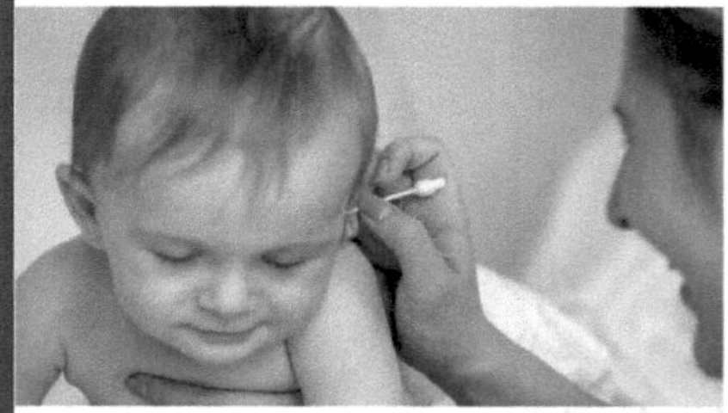

Bénamar Brahmi

Mon bébé 2

A 2 mois bébé a accompli de nombreux progrès.
En dehors de la tétée, le nourrisson a développé des relations interactives avec ses parents ou ses frères et sœurs. Bébé reconnaît les visages de son entourage, il réagit aux visages connus par des gazouillements et des sourires. Il commence à jouer avec son entourage, il réagit à leurs voix qu'il aime entendre. Il semble monter sur ressort ses bras et ses jambes semblent s'agiter dans tous les sens lorsqu'il est stimulé. Les pleurs de bébé sont bien différenciés et ses parents ont fait de gros effort pour les interpréter.
Les parents savent reconnaître les cris suivants : faim, douleur, douleur aiguë, ennui...

BRAHMI Bénamar est un auteur algérien. Ses livres sont : "Les goûts musicaux","Alfred HITCHCOCK", "La morphologie de la langue française", "Esprit","Conscience","Mon bébé","Original","Lexique et genres musicaux du monde ","Lexique cinématographique", "Lexique des tissus ","Aidez les autres". "Teddi Wash Yketeb Moulana" son album de huit chansons.

978-613-9-55575-8

Bénamar Brahmi

Mon bébé 3

L'écrit, de nos jours, paraît céder du terrain devant l'oral. A chaque instant, chacun de nous est amené à prendre la plume soit pour écrire une lettre, un rapport, devoir d'écolier, ou d'étudiant, et la grammaire présente ses droits, en toute puissance.
On peut parler sans grammaire. Comme on peut le faire. Le respect de la langue française restera toujours car il s'agit d'une richesse, une culture, un peuple...

BRAHMI Bénamar auteur et interprète algérien. Son premier album intitulé "Teddi Wash Yketeb Moulana" ça veut dire : "tu prendras ce que t'as écrit notre Seigneur".Un album de huit chansons engagées. Ses livres sont :" La morphologie de la langue française" ,"Lexique des tissus","Lexique cinématographique","Lexique et genres musicaux du monde".

978-613-9-56054-7

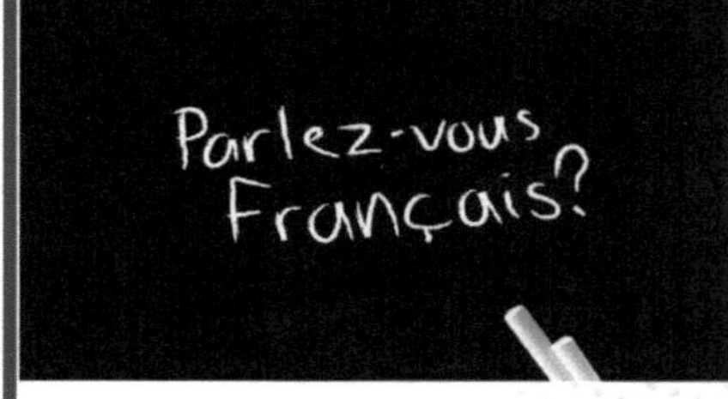

Bénamar Brahmi

Grammaire française

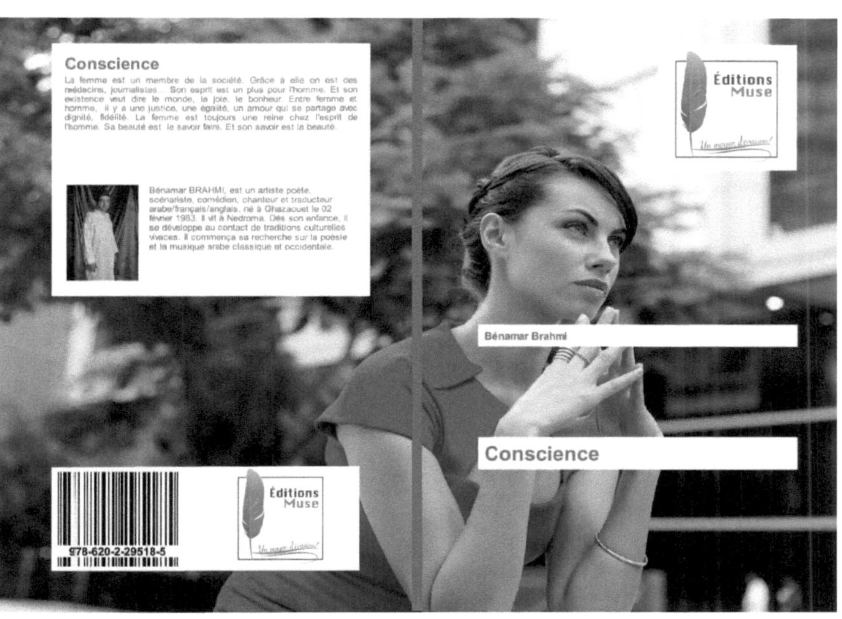
Conscience
La femme est un membre de la société. Grâce à elle on est des médecins, journalistes… Son esprit est un plus pour l'homme. Et son existence veut dire le monde, la joie, le bonheur. Entre femme et homme, il y a une justice, une égalité, un amour qui se partage avec dignité, fidélité. La femme est toujours une reine chez l'esprit de l'homme. Sa beauté est le savoir faire. Et son savoir est la beauté.
Bénamar BRAHMI, est un artiste poète, scénariste, comédien, chanteur et traducteur arabe/français/anglais, né à Ghazaouet le 02 février 1983. Il vit à Nedroma. Dès son enfance, il se développe au contact de traditions culturelles vivaces. Il commença sa recherche sur la poésie et la musique arabe classique et occidentale.
978-620-2-29518-5
Éditions Muse
Éditions Muse
Bénamar Brahmi
Conscience

Original
Il y'en a pas mal de chansons interprétées par des artistes qui sont nés après ou pendant la sortie de ces chansons et qui ont eu un grand succès. Je parle de la chanson maghrébine: (Algérienne, Marocaine, Tunisienne). Et c'est grâce à des reprises. La chanson originale revivra et traversera le monde. Tels que : "Ya rayah" interprétée par le défunt "Rachid Taha" une chanson de défunt "Dahmane El Herrachi".
BRAHMI Bénamar est un artiste auteur et interprète. Son don d'écrire était à l'âge de 10 ans. Il écrit des paroles pour pas mal d'artistes. Par exemple la chanson "Dimi fi balek" pour Abdelhafid Haddou, qui veut dire "ne m'oubliez pas". Ainsi que "Ouled el hadja Maghnia", "Neggafat", "Allah Ya Allah Moulana " et "Mahla Liam hasna hini".
978-620-2-29526-0
Éditions Muse
Brahmi
Succès
Éditions Muse
Bénamar Brahmi
Original

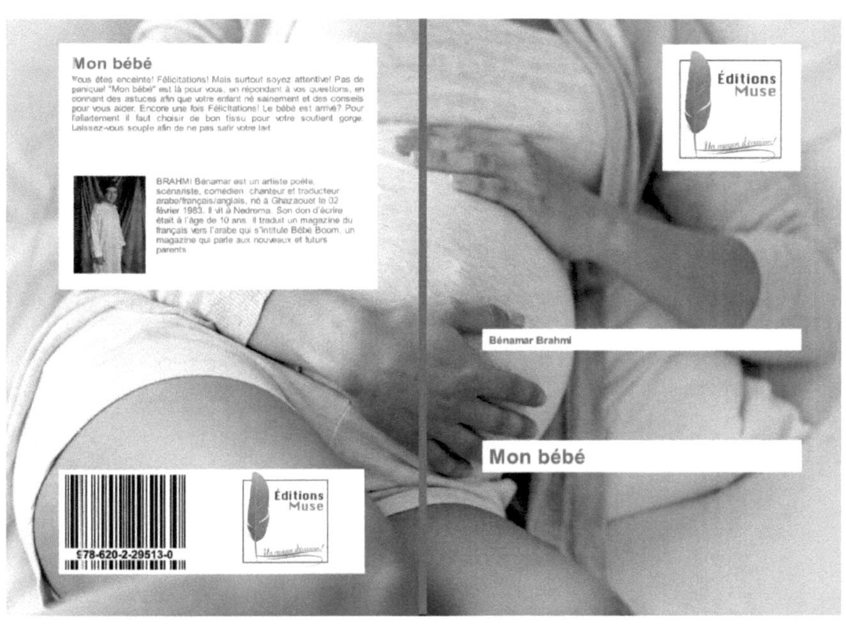
Mon bébé
Vous êtes enceinte! Félicitations! Mais surtout soyez attentive! Pas de panique! "Mon bébé" est là pour vous, en répondant à vos questions, en donnant des astuces afin que votre enfant né sainement et des conseils pour vous aider. Encore une fois Félicitations! Le bébé est arrivé? Pour l'allaitement il faut choisir de bon tissu pour votre soutient gorge. Laissez-vous souple afin de ne pas salir votre lait
BRAHMI Bénamar est un artiste poète, scénariste, comédien, chanteur et traducteur arabe/français/anglais, né à Ghazaouet le 02 février 1983. Il vit à Nedroma. Son don d'écrire était à l'âge de 10 ans. Il traduit un magazine du français vers l'arabe qui s'intitule Bébé Boom, un magazine qui parle aux nouveaux et futurs parents
978-620-2-29513-0
Éditions Muse
Éditions Muse
Bénamar Brahmi
Mon bébé

Éditions
Muse
Un moyen d'évasion!
Bénamar Brahmi
Pour vivre bien

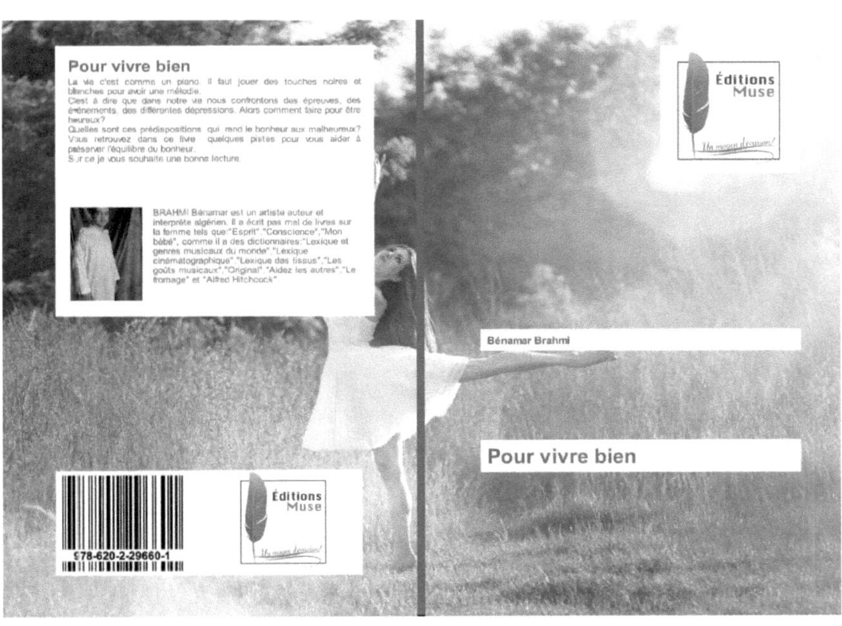
Pour vivre bien
La vie c'est comme un piano. Il faut jouer des touches noires et blanches pour avoir une mélodie.
C'est à dire que dans notre vie nous confrontons des épreuves, des évènements, des différentes dépressions. Alors comment faire pour être heureux?
Quelles sont ces prédispositions qui rend le bonheur aux malheureux?
Vous retrouvez dans ce livre quelques pistes pour vous aider à préserver l'équilibre du bonheur.
Sur ce je vous souhaite une bonne lecture.
BRAHMI Bénamar est un artiste auteur et interprète algérien. Il a écrit pas mal de livres sur la femme tels que:"Esprit","Conscience","Mon bébé", comme il a des dictionnaires:"Lexique et genres musicaux du monde","Lexique cinématographique","Lexique des tissus","Les goûts musicaux","Original","Aidez les autres","Le fromage" et "Alfred Hitchcock"
978-620-2-29660-1
Éditions
Muse
Éditions
Muse
Bénamar Brahmi
Pour vivre bien

Bénamar Brahmi

Lexiques et Genres musicaux du monde

Terminologie musicale

Bénamar Brahmi

Lexique des Tissus

Lexique et taxinomie

Éditions
Muse
Un moyen d'évasion!
Bénamar Brahmi
Esprit
Héroines

La langue française est une langue qui utilise beaucoup d'affixes. C'est à dire préfixes et suffixes. Dans ce livre vous retrouvez des explications sur cette langue. Comment former les mots à partir d'un suffixe et préfixe. Prenant un exemple le mot: "réconforter": Il est composé de:
Ré: préfixe ;
Con deuxième préfixe qui veut dire - avec ;
fort: Adjectif qualificatif ;
Er: suffixe, Marque de l'infinitif.

BRAHMI Bénamar est un auteur. Il a traduit la revue intitulée : "Bébé boom". Ses œuvres sont: "Esprit", "Conscience", "Mon bébé", Lexique des tissus", "Lexique et genres musicaux du monde", "Original", "Aidez les autres", "Les goûts musicaux", "Lexique cinématographique". Son premier album intitulé: "Teddi Wash Yketeb Moulana".

978-613-9-53947-5

Bénamar Brahmi

Morphologie de la Langue Française

Langue d'affixation

Claude Piron, né le 26 février 1931 à Namur, Belgique et mort le 22 janvier 2008 à Gland, Suisse, est un traducteur suisse, diplômé de l'École d'interprètes de l'université de Genève. Il fut aussi psychologue, pratiquant la psychothérapie et enseignant la psychologie. Il est l'auteur de nombreux livres écrits en espéranto dont certains sont utilisés pour l'apprentissage de cette langue.
Il a notamment travaillé en tant qu'interprète de chinois, d'anglais, de russe et d'espagnol. Après avoir quitté l'ONU, il travailla pour l'Organisation mondiale de la santé, entre autres en Afrique et en Asie.

BRAHMI Bénamar est un auteur et interprète algérien. Il traduit la revue "Bébé boom". Ses livres sont :"Aidez les autres","Conscience","Esprit","Mon bébé","Original","Lexique et genres musicaux du monde","Lexique des tissus","Lexique cinématographique","Les goûts musicaux","La morphologie de la langue française","Alfred HITCHCOCK","Le fromage".

978-613-9-56088-2

EUE EDITIONS UNIVERSITAIRES EUROPEENNES

Bénamar Brahmi

Selon Pr. Claude PIRON

Le cinéma est l'industrie de tous les domaines: (politique, société, tourisme etc). Le pays sera en développement si les films réalisés donneront des solutions à des problèmes dans tous les secteurs de croissance. Le cinéma fait partie de la culture. On apprend a réaliser des films, connaître son lexique grâce à des dictionnaires et surtout les utiliser dans des tournages pour ne pas laisser les termes dans des cimetières.

BRAHMI Bénamar est un artiste, auteur et interprète. Il a traduit une revue intitulée: "Bébé boom" du français vers arabe. Il est auteur d'œuvres lyriques. Son premier texte intitulé: "Dirni fi balek " est chanté par Adelhafid HADDOU. Il est l'auteur des livres: "Aidez les autres", "Mon bébé ,"Conscience", "Esprit" et "Original".

978-613-9-52347-4

Bénamar BRAHMI

Lexique cinématographique

Lexique du cinéma

Après des études d'ingénieur, Alfred Hitchcock entre à la compagnie des télégraphes Hanley. En 1920, il intègre la compagnie Famous Players Lasky (filiale de la Paramount à Londres) où il s'occupe des sous-titres pour les films muets. Cette expérience lui permet de se familiariser avec tous les métiers du cinéma. En 1922, il fait une première tentative de réalisation avec Number thirteen qu'il ne terminera jamais. Avec Le Jardin du plaisir (1925), il signe son véritable premier film. Son style et ses thèmes de prédilection pointent avec The Lodger (1926) et Chantage (1929). Son apogée en Angleterre est marquée par des films tels que L'Homme qui en savait trop (1934), Les Trente-Neuf Marches (1935), Agent secret - Quatre de l'espionnage (1936) et Une femme disparaît (1938). A la veille de la guerre, il a déjà une solide réputation. David O. Selznick invite. Hitchcock à Hollywood où il finira par se fixer. Le premier film de sa période américaine, Rebecca (1940), est un triomphe. A la différence de nombreux cinéastes, il tente avant tout de séduire, manipuler et surprendre le public. Il aime jouer avec ce dernier pour qu'il fasse partie intégrante de l'action de ses longs.

Bénamar BRAHMI est un artiste poète, scénariste, comédien, chanteur et traducteur arabe/français/anglais. Son don d'écrire était à l'âge de 10 ans, en parallèle avec la sortie de Khaled « N'ssi N'ssi », un album fusion entre la musique orientale et le hi-life Africain.
Dés son enfance, il se développe au contact de traditions culturelles vivaces.

978-613-9-53950-5

Brahmi

Bénamar Brahmi

Alfred HITCHCOCK

Le maître du suspense

La chanteuse Hasna HINI me chante un texte M'dih intitulé : « Mahla Liam Yafreh Fih El Insane »

OULED EL HADJA Maghnia

Ce groupe m'a chanté deux titres intitulés : **« Neggafat » et « Allah Ya Allah Moulana »**

Juillet 2018

Aux Nuits de Miliana Al Andaloussia organisées par l'association Ezziria de Miliana

C'est la cloture, je chante ici un Medh :

« Sallou Ala Ennabi El Hadi » .Et un qsid du genre Hawzi : « Zine El Fassi » un texte de grand poète Mohamed BENSLIMANE

Printed by Books on Demand GmbH, Norderstedt / Germany